NOMBRES PARA BEBÉS MÁS ENCANTADORES

(Baby) Padres e hijos

Jesús Ramírez

ISBN: 9798737090500

DEDICATORIA

A todas las personas que están apuntó de ser padres, o los que desean uno, un regalo maravilloso que puede cambiar la vida de cualquier ser humano, alegrandonos la vida.

Tabla de contenido

AGRADECIMIENTOS i

NOMBRES DE NIÑOS 3

letra A 3

Letra B 9

Letra C 13

Letra D 16

Letra E 19

Letra F 22

Letra G 25

Letra H 28

Letra I 31

Letra J 33

Letra K 37

Letra L .... 39<u>G</u>

Letra M 41

Letra N 43

Letra O 46

Letra P 48

Letra Q 50

Letra R 52

Letra S 56

Letra T 60

Letra U 62

Letra V 64

Letra W 67

Letra X 69

Letra Y 70

Letra Z 72

NOMBRES DE NIÑAS 73

Letra A 73

Letra B 75

Letra C 77

Letra D 80

Letra E 82

Letra F...84

Letra G 85

Letra H 87

Letra I 88

Letra J 89

Letra K 92

Letra L 94

Letra M 97

Letra N 100

Letra O...102

Letra P...103

Letra Q...105

Letra R...106

Letra S...108

Letra T 111

Letra U 113

Letra V 114

Letra W 115

Letra X 116

Letra Y 117

Letra Z 119

AGRADECIMIENTOS

Gracias por la compra del libro, y espero sea de gran ayuda para ustedes

NOMBRES DE NIÑOS

letra A

Adrián: nombre muy común entre los niños más jóvenes que tiene origen latino. Viene de hadrianus, que significa "que viene del mar Adriático".

Adrien: versión francesa de Adrián.

Agustín: este nombre llegó a ser muy popular hace unas décadas, sin embargo, cada vez está más en desuso. Significa "consagrado por los augures".

Aitor: nombre muy utilizado en España, sobre todo en el Norte, a pesar de que su origen es alemán. y significa "padre noble".

Alan: de origen germánico, Alan viene de alun, que significa "armonía y gracia".

Alejandro: se trata de un nombre griego que significa "el protector".

Alonso: significa "Preparado para el combate".

Álvaro: se trata de un nombre de origen germánico que significa "el protector de todos".

Andrés: viene del griego, su significado está relacionado con "hombre y valentía".

Ángel: tiene origen griego y significa "mensajero".

Antonio: nombre de origen etrusco que significa "el que se enfrenta a sus adversarios".

Anselmo: de origen alemán significa "el protegido por Dios".

Armando: nombre de origen alemán que significa "hombre fuerte".

Arturo: nombre de origen griego que significa "oso protector o noble".

Aurelio: significa "dorado".

Aníbal: este nombre tiene origen fenicio Significa "gracia de Baal".

Aquiles: nombre de origen griego que significa "el sin labios".

Ariel: nombre unisex que es de origen hebreo. Significa 'león de Dios".

Arnau: nombre catalán que corresponde con Arnaldo. Significa "águila y gobernador".

Axel: es un nombre escandinavo que significa "hacha".

Aaron: el origen de este nombre es egipcio y significa "luz o iluminado".

Abel: este nombre es hebreo y significa 'aliento del padre'.

Adam: de origen hebreo Significa "hombre", pero también "rojo", "sangre" y "hecho en la tierra".

Alexander: variante de Alejandro en inglés.

Alexis: de origen griego, es un diminutivo de Alejandro.

Aike: de origen inglés, significa "roble o hecho de roble"

Alfredo: De origen germano, significa "el que aconseja siempre la paz".

Abelardo. De origen germánico, significa "príncipe fuerte.

Adalberto. Nombre germánico, que significa "el que brilla por su nobleza".

Adriel: de origen hebreo, significa "hombre que pertenece al pueblo de Dios".

Aidan: de origen irlandés, significa "fuego".

Akira: de origen japonés, significa "brillante".

Alí: de origen árabe, significa "sublime".

Amaro: de origen latino, significa "el de tez morena".

Anderson: aunque suele ser un apellido que significa "hijo de Andrés", también se usa como nombre propio.

Archibaldo: de origen germánico, significa "atrevido, precioso".

Arnoldo: de origen germánico, significa "fuerte como las águilas".

Asaf: de origen hebreo, significa "que reúne para-Dios".

Aslan: de origen turco, que significa "león".

Azai: de origen arameo, significa "fuerza".

Aziel: de origen hebreo, significa "Dios es mi fuerza".

Abdiel: nombre masculino de origen bíblico, significa "el que sirve a Dios".

Abraham: significa "padre del pueblo".

Albin: de origen latín, significa "blanco" en euskera.

Aldair: de origen celta, significa "lugar de caballos".

Austin: proviene del Latín, su significado es "Dignidad majestuosa"

Adal: de origen alemán, significa "noble".

Adolfo: el origen de este nombre es alemán y significa 'noble lobo'.

Adelmar: de origen germánico y significa "El gran caudillo".

Aimar o Aymar: nombre unisex, de origen germano, significa "casa-fuerte".

Letra B

Brandon: variante italiana de Bertrán que significa "inteligente".

Barry: de origen irlandés que significa "el del cabello claro".

Bastián: de origen griego que significa "el que es venerado". Viene de Sebastián.

Bazyli: de origen judío que significa "regio".

Belisario: de origen griego que significa "espadachín".

Belmont: del francés antiguo que significa "hermoso monte".

Benedicto: de origen latino. Viene de 'bene dictus', que significa "bendito".

Benoit: de origen francés, variante de Benedicto, que significa "el bendecido".

Benigno: de origen latino que significa "benévolo".

Benjamín: de origen húngaro que significa "hijo de la mano derecha".

Benicio: de origen latino que significa "caritativo, amigo de cabalgar".

Bennett: de origen francés, variante de Benedicto que significa "bendecido".

Benny: de origen inglés, que significa "sincero, honesto".

Bernabé: de origen arameo que viene de 'barnãbba': "hijo del profeta".

Bernaldo: de origen germánico, muy común en las Edad Media, que significa "gobierno de guerreros".

Bernaldo: de origen alemán, viene de 'berin-hard': "oso fuerte, guerrero fuerte como un oso".

Bingen: variante euskera de Vicente, que significa "vencedor".

Bonfilio: de origen latín que significa "buen hijo".

Borg: de origen noruego que significa "del castillo".

Boris: de origen eslavo. Viene de 'borotj' que significa "guerrero combatiente, luchador".

Bourne: de origen inglés que significa "corriente, arroyo".

Brad: de origen inglés que se usaba en el inglés antiguo para denominar los lugares despejados. Significa "amplio, ancho".

Bradley: de origen inglés que significa "elegante".

Bram: forma irlandesa de Abraham, "padre de todas las naciones".

Braulio: de origen germano que significa "vivaz imaginativo".

Brian: de origen celta que significa "noble, fuerte".

Bruce: de origen escocés que empezó a usarse en honor al rey Robert de Bruce y significa, "perseverante, observador".

Bruno: de origen germánico que proviene de 'brun' o 'brunne' y significa "oscuro" o "coraza".

Byron: de origen inglés, muy usado en referencia al poeta Lord Byron. Significa "en el establo o granero".

Baltasar: de origen Asirio. Bel-Sar-Utsor o "Dios que protégé al Rey".

Barack: de origen hebreo. Viene de bãrãc que significa "rayo, relámpago".

Bardo: de origen Latino. Proviene del alemán bard/bart: "hacha".

Bautista: de origen griego. Viene de 'baptistés' que significa "el que sumerge".

Bobby: diminutivo de Robert, derivado de las palabras germánicas 'hrod' (fama) y 'beraht' (brillante).

Breixo: nombre gallego de origen latino que significa, "muy cierto".

Bayron: de origen celta, significa "hombre compero".

Brayan: nombre de origen celta que significa "El fuerte, de gran fortaleza".

Letra C

Calixto: de origen griego, significa "muy hermoso".

Calligan: del apellido irlandés Callaghan, del gaélico ceallach, que significa "guerra" o "guerrero".

Calvin: de origen francés, diminutivo de "calvo".

Cameron: de origen escocés y apellido de uno de los clanes escoceses más importantes, significa "nariz torcida".

Camilo: de origen latino, se usaba en la antigua Roma para nombrar al muchacho que asistía al sacerdote en el servicio del culto.

Cándido: de origen latino, significa "radiante, feliz".

Carlos: de origen germánico, significa "varón fuerte y viril".

Carmelo: de origen hebreo, significa "jardín de Dios".

Carter: nombre inglés que proviene del latín carrum, que siginifica "transportista".

Casimiro: de origen polaco, significa "pacificador".

Cedric: de origen celta, significa "jefe del clan".

César: de origen latino, proviene de la palabra "caesaries", su significado es "cabellera o barba".

Charly: Variante en inglés de Carlos.

Christopher: de origen griego "khristophoros", significa "el que lleva a Cristo en su interior".

Ciro: de origen griego, significa "sol".

Claudio: de origen latino, significa 'cojo' o 'el que camina con dificultad'.

Claus: de origen anglosajón, significa "vencedor".

Clark: es de origen anglosajón y su significado es "clérigo".

Clemente: de origen latino, significa "bueno", "misericordioso".

Conan: de origen gaélico, significa "perro de caza".

Constantino: de origen latino, su significado es "estable", "constante", "firme".

Cooper: significa "tonelero" en inglés.

Cristóbal: de origen griego, su significado es "portador de Dios", "el que va con Dios".

Cedric: de origen celta, significa "jefe del clan".

Christian: de origen griego, significa "El seguidor de Cristo".

Conrado: proviene del antiguo germano, significa "atrevido en el consejo, consejero audaz".

Cory: nombre unisex de origen germánico que significa "la paz de Dios".

Caitan: de origen hebreo, variante de Caín.

Casey: nombre inglés que significa "vigilante".

Casio: proviene del latín y es una variante de Casiano. Significa "el del yelmo, el del casco"

Letra D

Damián: nombre de origen griego que significa "someter".

Daniel: nombre de origen hebreo que significa "Dios es mi juez".

Dareh: nombre de origen armenio que significa "rico".

Dariel: nombre de origen hebreo que significa "león de Dios".

Darío: su origen es incierto, aunque se suele atribuir un origen griego o persa. Su significado es "aquel que posee bienes".

Darwin: nombre de origen inglés que significa "querido amigo".

Daryl: nombre de origen inglés que podría tener dos significados: "hecho con amor".

David: nombre de origen hebreo que significa "el amado por Dios".

Deian: nombre de origen galés variante de David.

Dean: nombre de origen francés que significa "líder".

Delmar: nombre de origen francés que significa "marinero".

Denzel: nombre de origen inglés que significa "fortaleza".

Delvin: nombre de origen irlandés que significa "buen amigo".

Demetrio: nombre de origen griego que significa "amante de la tierra".

Denis: nombre de origen francés que significa "Dios del viento".

Derian: nombre de origen anglosajón que significa "que daña".

Devin: nombre de origen irlandés que se traduce como "el poeta".

Didier: posee dos posibles orígenes etimológicos. Si atendemos a su origen francés se interpreta como "fuera de las estrellas"

Diego: nombre de origen griego, evolución del nombre de Diago, que significa "doctrina".

Dustin: nombre de origen germánico que significa "valioso guerrero".

Dylan: nombre de origen galés que significa "mar".

Duman: nombre de origen turco que significa "nebuloso".

Duván: nombre de origen árabe, que significa "extrella descubierta".

Derek: nombre de origen germánico que significa "jefe de la tribu".

Desmon: nombre de origen anglosajón cuyo significado es "el defensor".

Doroteo: nombre de origen griego que deriva de "Teodoro" y significa "regalo de Dios".

Diomedes: Nombre de origen griego que significa "pensamiento de Dios".

Dagoberto: nombre de origen germánico, que significa "aquel que brilla como el sol".

Letra E

Edan: de origen irlandés, es una variante de Aidan y significa "fuego, ardiente".

Edgar: de origen polaco, significa "el que defiende sus tierras con lanza".

Edison: de origen inglés, significa "hijo de Eduardo".

Edric: de origen inglés, significa "gobernante próspero".

Eduardo: variante en español de Edward.

Edwin: de origen inglés y significa "amigo rico".

Efraín: de origen hebreo, significa "fructífero, fértil".

Eider: nombre de origen vasco, significa "hermoso".

Eitan: variante hebrea de Ethan, significa "fuerte, firme".

Elbert: variante de Alberto, que significa "noble".

Einer: nombre de origen escandinavo, significa "guerrero, líder de batalla".

Eleazar: de origen hebreo, significa "Dios ayuda".

Elliot: significa "Dios en las alturas".

Emiliano: de origen latino, significa "hombre trabajador".

Emilio: significa "rival".

Emmanuel: significa "Dios está con nosotros".

Enoch: de origen hebreo, significa "dedicado".

Enrique: significa "casa fuerte, rica y poderosa".

Erick/Eric/Erik: Deriva del nombre Eiríkr, que procede del Nórdico Antiguo de primera generación. Su significado es "gobernante único".

Ernesto: de origen germano, significa "serio, perseverante" o "aquel que lucha para vencer".

Esteban: significa "coronado".

Eugenio: de origen griego, significa "el bien nacido".

Evan: variante galesa de Juan, que significa "Dios es misericordioso".

Evaristo: de origen francés, significa "agradable".

Eliseo: de origen hebreo, significa "Dios es mi salvación".

Elián: de origen griego, hace referencia a Helios, el dios del sol.

Eldric: variante de Aldrich, que es de origen inglés y significa "gobernante viejo y sabio".

Elías: de origen hebreo, significa "Jehová es Dios".

Eder: de origen vasco, significa "guapo".

Eliezer: procedente del hebreo y significa "Dios es mi ayuda".

Epifanio: Procede del griego Επιφάνιος y significa "el que despide brillantez".

Letra F

Fabián: significa "haba, grano de trigo".

Faber: variante alemana de Fabián.

Faver: de origen francés, significa "ayuda, piedad".

Falco: de origen italiano, significa "halcón".

Farid: nombre árabe que significa "único, incomparable, sin igual".

Fausto: significa "el afortunado".

Faustino: variante de Fausto.

Federico: de origen germánico, deriva de Friedrich, y su significado es "aquel que impone la paz"

Felipe: proviene del latín Philippus, que a su vez proviene del griego Philippos, y significa "amante de los caballos" o "amor al caballo".

Felio: variante de Rafael, que significa "Dios ha sanado".

Felix: significa "afortunado, exitoso".

Feliciano: variante española de Félix.

Felic: variante irlandesa de Félix.

Fernando: de origen germánico, significa "aquel que es atrevido, osado y voluntarioso".

Fidel: de origen latín, significa "fiel".

Filiberto: de origen alemán, significa "muy brillante".

Fisher: significa "pescador".

Flavio: de origen latín, significa "de cabello dorado".

Francisco: derivado del italiano "Francesco", francisco significa "francés".

Franco: de origen germánico, significa "hombre libre".

Frank: variante inglesa de Franco.

Franklin: de origen inglés, significa "terrateniente libre".

Frederick: de origen alemán, significa "gobernante pacífico".

Fred: diminutivo del alemán Frederick.

Fercho: derivado de Fernando.

Ferris: de origen irlandés, significa "roca".

Farley: de origen inglés, significa "bosque de helechos".

Flannery: de origen irlandés, significa "pelirrojo".

Flavio: de origen latín, significa "de cabello dorado".

Floyd: de origen galés, significa "de cabellos grises".

Fabrizio: nombre italiano, cuyo significado es "el que trabaja con las manos".

Falco: de origen italiano, significa "halcón".

Farrell: de origen irlandés, significa "valiente".

Letra G

Gabriel: significa "la fuerza y el poder de Dios".

Gadiel: de origen hebreo, significa "Dios es mi fortuna".

Galvin: de origen irlandés, significa "gorrión".

Gardner: de origen inglés, significa "guardián del jardín, jardinero".

Garner: de origen latino, significa "granero".

Gavin: de origen celta, significa "halcón blanco".

George: variante inglesa de Jorge, que significa "granjero, agricultor".

Gerald: de origen germánico, significa "gobernante con lanza".

Gerardo: de origen germánico, significa "guerrero valiente".

Gérard: variante francesa de Gerardo.

Germán: significa "guerrero".

Gergori: variante en euskera de Gregorio, que significa "vigilante, alerta".

Gerónimo: nombre nativo americano, variante de Jerome, de origen griego, que significa "nombre sagrado".

Gerson: variante de Gershom, que es de origen hebreo y significa "extraño, desconocido".

Gian: variante italiana de "Juan", que significa "Dios es misericordioso".

Gilberto: de origen alemán, significa "promesa brillante".

Gibson: significa "hijo de Gilberto".

Giles: de origen griego, significa "cabra joven".

Giorgio: variante italiana de Jorge.

Gonzalo: significa "aquel que está dispuesto para luchar".

Goran: significa "hombre de la montaña".

Grazian: nombre vasco de origen latino, significa "agradable".

Gregorio: de origen griego, significa "vigilante, alerta".

Guillermo: significa "aquel que es un protector decidido".

Gustavo: de origen sueco, significa "guardián de los godos".

Gale: de origen inglés, significa "tormenta".

Galileo: de origen italiano, significa "de Galilea".

Gaius: de origen latino, significa "regocijarse".

Giles: de origen griego, significa "cabra joven".

Gahan: de origen hebreo, significa "el Señor es clemente".

Gaines: de origen inglés, significa "astucia".

Letra H

Harry: de origen germánico, significa "casa poderosa", "dueño de la casa".

Hasán: de origen árabe, significa "bueno".

Héctor: de origen griego, significa "persona bien formada o educada".

Hélder: de origen teutónico, significa "guerrero", "duro", "perseverante".

Helmer: de origen germánico, significa "protector".

Henrique: de origen alemán, proviene de haimerich o hiemrick, que significa "casa poderosa", "dueño de la casa".

Henrik: de origen sueco, significa "gobernante del hogar".

Heriberto: de origen germánico, significa "guerrero famoso".

Herberto: variante de Heriberto.

Hermán: de origen germánico, significa "hombre del ejército".

Hernán: variante antigua de Fermando.

Hernando: variante antigua de Fermando.

Hervy: variante de Hervé.

Hervey: variante de Hervy.

Hilario: de origen latino, significa "que se ríe", "alegre".

Hoel: del galés Hywel, que significa "eminencia".

Homero: de origen griego, significa "el que no ve", "ciego".

Horacio: de origen latino, proviene de horatius, posiblemente como veneración a Hora, diosa de la juventud.

Howard: de origen escandinavo, significa "noble guardián".

Huberto: de origen germánico, proviene de hugberth, "inteligente y brillante".

Hugo: de origen germánico, significa "inteligente", "lúcido", "perspicaz".

Humberto: de origen germánico, significa "oso grande y brillante".

Haid: de origen árabe, significa "que regresa a dios".

Hamilton: de origen inglés y escocés, significa "colina sin árboles".

Hanibal: de origen de fenicio, se escribía: Hanan-baal, que significa: "beneficiado con la gracia de Baal", "Señor generoso".

Harith: nombre árabe que significa "buen proveedor"

Hubaldo: de origen germánico, proviene de hug y bald, que significa "atrevido".

Hadriel: de origen hebreo, significa "esplendor de Jehová".

Letra I

Ian: origen escocés, significa "compasión de Yahvé".

Iham: de origen hindú, significa "expectante".

Ignacio: de origen latino, significa "portador de fuego".

Ikaia: de origen hebreo, es la variante hawaiana de Isaías. Significa "la salud de Yavé" o "Yavé el salvador".

Iktan: de origen maya, significa "ingenioso".

Isaac: de origen hebreo, significa "Yahvé se ríe".

Isbaal: de origen bíblico, significa "hombre del dios Baal".

Ismael: de origen hebreo, significa "Dios escucha".

Iván: de origen latino, significa "compasión de Dios".

Izael: de origen hebreo, variante de Azael, que significa "Dios vió".

Ibai: de origen vasco, significa "río".

Ilai: de origen hebreo, significa "exaltado o elevado".

Indiana: de origen griego, significa "perteneciente a las Indias Occidentales".

Inder: de origen hindú, significa "Dios es Bueno".

Irvin/Irwin: de origen inglés, variante de Ervin, que significa "bello".

Isaías: de origen hebreo, significa "la salud de Yavé" o "Yavé el salvador".

Isandro: de origen griego, significa "liberación del hombre".

Isao: de origen japonés, significa "honor, mérito".

Isbaal: de origen bíblico, significa "hombre del dios Baal".

Ibrahim: de origen árabe, significa "Padre de muchos".

Ilidio: de origen griego, significa "relativo a la tropa".

Letra J

Jacob: nombre de origen hebreo que significa "el que sustituye".

Jaime: nombre de origen hebreo variante de Jacobo, que significa "el que sustituye".

James: nombre muy popular en el mundo anglosajón. Su origen es hebreo, y deriva de Jacob.

Jael: nombre de origen hebreo, variante de Yael, cuyo significado literal es "cabra del monte".

Jafet: nombre de origen hebreo que significa "el agrandado".

Jairo: nombre de origen hebreo que significa "el que brilla".

Jareb: nombre de origen hebreo que significa "oponente".

Jack: nombre de origen hebreo con varios significados según su etimología. Por un lado, hay quien considera que procede de Jacobo, mientras que otros aseguran que se trata de una variante de John, que a su vez procede de Juan, su significado sería "salud"

Jarvis: nombre de origen francés que significa "con honor".

Jasón: nombre de origen griego que significa "el que cura".

Javier: nombre de origen vasco variante de Xavier, que significa "aquel que viene de la casa nueva".

Jean: nombre de origen hebreo que significa "Dios es misericordioso".

Jenaro: nombre de origen latín que hace referencia al mes de enero.

Jeremías: nombre de origen hebreo que significa "Dios establece el orden".

Jeremiel: nombre de origen hebreo variante de Jeremías.

Jerónimo: nombre de origen griego que significa "sagrado".

Jesús: nombre de origen hebreo que significa "Yahveh es el salvador" o "el Mesías".

Jon: voz vasca del nombre Juan.

Joab: nombre de origen hebreo que significa "Yaveh es el padre".

John: Su origen es hebreo, y significa "Dios, el misericordioso".

Johnny: nombre de origen inglés, diminutivo de Johnn.

Jonás: nombre de origen hebreo que significa "paloma".

Jonatán o Jonathan: nombre de origen hebreo, que significa "don de Dios".

Jordán: su origen es hebreo y hace referencia al río del mismo nombre.

Jorge: nombre de origen griego que significa "el que trabaja la tierra".

Jordi: forma catalana de Jorge.

José: nombre de origen hebreo variante de Yossef, cuyo significado es "Dios agregará".

Josep: forma catalana de José.

Josué: nombre de origen hebreo que significa "Dios es mi salvador".

Josías: nombre de origen hebreo variante de Josué.

Jotham: nombre de origen hebreo que significa "Dios es correcto".

Juan: nombre de origen hebreo que significa "Dios es misericordioso".

Julián: nombre de origen latín que significa "hombre de raíces fuertes".

Julio: nombre de origen latín y griego, significa "hombre de frondosa barba".

Justino: nombre de origen latín que significa "el que obra con justicia".

Jeffrey: nombre francés que deriva de Geoffrey, que a su vez es un nombre germano cuyo significado literal sería "paz divina".

Jean: nombre de origen hebreo que significa "Dios es misericordioso".

Letra K

Kelvin: de origen celta, significa "amigo, persona de confianza".

Kennen: de origen irlandés, significa "guapo, noble".

Kenny: de origen celta, significa "el que dirige".

Kervin: de origen irlandés, significa "el pequeño de color oscuro".

Kevin: de origen celta, este nombre irlandés hace referencia a un hermoso nacimiento, a una gran inteligencia.

Kalani: de origen hawaiano, significa "cielo, paraíso".

Kamil: de origen árabe, significa "perfecto".

Karim: de origen árabe, significa "generoso".

Kaye: de origen germánico, significa "lugar seguro".

Keith: de origen irlandés, significa "del campo de batalla".

Kenai: de origen nativo americano, significa "oso negro".

Kendrick: de origen escocés, significa "gobernante real".

Kichiro: de origen japonés, significa "niño afortunado".

Kilian: de origen gaélico, es una forma celtizada de Cecilio, que significa "corto de vista".

Khan: de origen turco, significa "príncipe".

Kenly: de origen anglosajón, significa "la pradera de los reyes".

Kemish: de origen francés, significa "nariz chata".

Karol: de origen ruso, significa "fuerte".

Kayro: de origen griego. Significa "lleno de gracia".

Kenia: Perfecto para los amantes del continente africano. Significa "montaña luminosa".

Letra L

Leandro: nombre de origen griego con dos posibles significados, atendiendo a su segunda raíz: "hombre tranquilo" y "hombre del pueblo".

Lenin: nombre de origen ruso procedente de Lena, que se relaciona con el río del mismo nombre.

Leo: nombre de origen latín vinculado al animal, por lo que podría traducirse como "quien es fuerte como un león".

Leonel o Lionel: nombre de origen griego que podría traducirse como "pequeño león".

Leonardo: nombre de origen germánico que significa "aquel que es fuerte como un león".

Levi: nombre de origen hebreo cuyo significado se interpreta como "el que une a los suyos".

Liam: proviene del Irlandés y significa "protección firme".

Lisandro: nombre de orogen griego, variante de Alejandro. Significa "el protector de los hombres".

Lorenzo: nombre de origen latín que significa "laureado o premiado".

Lowel: nombre de origen francés que se traduciría como "joven lobo".

Lucas: de origen latín, y se traduciría como luz. Pero otros sostienen que su origen es hebreo y se traduciría como "huracán".

Lucio: nombre de origen latín que significa "luz, claridad".

Luis: nombre de origen germánico variante de Ludwig, cuyo significado es "el que es ilustre en la batalla".

Leroy: nombre de origen francés que significaría "el rey".

Leopoldo: nombre de origen germánico, "quien es valiente como un león".

Lainer: nombre de origen brasileño que significa "limpio".

Lance: nombre de origen francés, que también se utiliza como diminutivo de Lancelot.

Letra M

Manuel: de origen hebreo, significa "Dios está con nosotros".

Manolo: variante de Manuel.

Marcelo: de origen latino, significa "joven guerrero".

Marcos: proviene del latín y significa "Martillo", relacionado con el dios Marte.

Mario: de origen hebreo, es la variante masculina de María y significa "amado por Dios".

Mark: variante ingles de Marcos.

Marlon: de origen latino, derivado de Marion, variante de María.

Martín: del latín Martis, que significa "Marte".

Mateo: significa "regalo de Dios".

Matías: de origen hebreo, significa "fiel a Dios".

Mauricio: de origen latino, significa "de piel oscura".

Moritz: variante alemana de Mauricio".

Mauro: variante de Mauricio.

Máximo: de origen latino, su significado es "aquel que es superior a todos".

Michel: forma francesa de Miguel.

Miguel: de origen hebreo, significa "quién es como Dios".

Milán: de origen hindú, significa "unión".

Milton: de origen inglés, significa "asentamiento con un molino".

Misael: de origen hebreo, significa "como es Dios".

Mael: de origen bretón, significa "jefe, príncipe".

Macario: de origen griego, significa "bendecido".

Letra N

Nando: hipocorístico de Fernando.

Natán: proviene del hebreo natán, y significa "don", "regalo de Dios".

Natanael/ Neizan: variante de Natán.

Nathaniel: del nombre hebreo Netan'el, que significa "Dios ha dado".

Nazario: del origen hebreo, significa "florecer, brote".

Neftalí: de origen hebreo, significa "lucha".

Nelson: de origen irlandés, significa "campeón", "hombre apasionado".

Néstor: de origen griego, nombres del rey de Pilos en la mitología griega, significa "el que es recordado".

Nicolás: de origen griego, significa "vencedor", "conquistador".

Nick: diminutivo de Nicolás en inglés.

Neymar: de origen portugués, significa "venido del mar".

Noah: de origen hebreo, significa "de larga vida".

Noé: derivado de Noah.

Noel: forma francesa de Natal, que significa "el día natalicio".

Norberto: de origen germánico, significa "hombre del norte brillante".

Norman: de origen germánico, significa "hombre del norte".

Normand: variante francesa de Norman.

Norris: de origen francés, significa "persona que viene del norte".

Nouel: voz francesa antigua cuyo significado es "almendra, fruto".

Naber: de origen hebreo, significa "honrado, sincero".

Nahele: nombre de origen hawaiano, que significa "bosque".

Naím: de origen árabe, significa "feliz".

Napoleón: de origen griego, significa "aquel que viene de Nápoles".

Nash: del inglés atten ash, que se refiere al árbol "fresno".

Naúm: de origen hebreo, significa "confortador".

Neil: variante de Neal.

Narciso: de origen griego, significa "joven de gran belleza".

Nicasio: proviene del griego nike, que significa "victoria".

Nilay: nombre indio que significa "cielo", "hogar"

Letra O

Octavio: de origen latino, significa "el que nace en octavo lugar".

Odilio: de origen germánico, significa "poseedor de enorme riqueza".

Oliver: de origen inglés que deriva del nombre francés Olivier, significa "olivo".

Omar: de origen árabe, significa "el de larga vida, primogénito".

Orlando: de origen germánico, significa "país de oro".

Oscar: de origen germánico, significa "lanza de los dioses".

Osvaldo: de origen germánico, significa "pueblo resplandeciente".

Otoniel: variante de Othniel.

Ovidio: de origen latino, significa "oveja".

Obama: de origen africano, significa "doblado".

Odell: de origen inglés, significa "del valle".

Odiseo: fue el héroe de "La Odisea", del poeta griego Homero, y significa "colérico".

Olaf: de origen noruego, significa "heredero", "legado de los antepasados".

Oliverio: de origen germánico, significa "ejército de elfos".

Olson: de origen noruego, significa "hijo de Olaf".

Omer: de origen hebreo, significa "gavilla de maíz".

Olegario: se deriva del germano helig-gair, que significa "pueblo ilustre".

Osric: de origen inglés, significa "gobernante divino".

Letra P

Pablo: de origen latino, significa "pequeño, humilde".

Paul: forma inglesa y francesa de Pablo.

Paulo: variante de Pablo.

Pol: variante catalana de Pablo.

Paco: diminutivo de Francisco.

Pancho: diminutivo de Francisco.

Paolo: variante italiana de Pablo.

Parker: de origen inglés, significa "guardián del parque".

Pascual: de origen latino, deriva del latín Paschalis y significa "el que nació en la Pascua".

Pastor: de origen latino, significa "aquel que guía".

Patricio: de origen latino, significa "aquel que es patricio o noble".

Patrick: variante inglesa de Patricio.

Pedro: de origen griego, significa "piedra, roca".

Perseo: de origen griego, significa "destruir".

Peter: variante inglesa de Pedro.

Plácido: de origen latín, significa "apacible, tranquilo".

Presley: de origen inglés, significa "pradera del sacerdote".

Prometeo: de origen griego, significa "previsión".

Próspero: de origen latín, significa "floreciente, próspero".

Patch: de origen americano, significa "noble".

Letra Q

Qadim: de origen árabe, significa "antiguo".

Qadar: de origen árabe, significa "destino".

Qamar: de origen árabe, significa "luna".

Qasim: de origen árabe, significa "generoso".

Qira: de origen árabe, significa "orador".

Quenán: de origen hebreo, significa "posesión".

Quennel: de origen francés, significa "que viene del roble".

Querubín: de origen hebreo, significa "becerro alado".

Quetzal: de origen náhuatl, significa "ave sagrada y magnífica".

Quiles: de origen griego, significa "señorial".

Quiller: de origen inglés, significa "escriba".

Quilliam: de origen irlandés, significa "hijo de William".

Quimby: de origen nórdico, significa "de la finca de la mujer".

Quintilio: de origen latino, significa "el que nació en el quinto mes".

Quincio: de origen latino, significa "quinto".

Quimey: de origen mapuche, significa "bello".

Quiriaco: variante de Ciriaco, que es de origen griego y significa "perteneciente al Señor".

Quraish: de origen árabe, significa "ganar".

Qadira: de origen árabe, significa "capaz, poderosa".

Qitarah: de origen árabe, significa "fragancia".

Letra R

Rafael: de origen hebreo, significa "Dios ha curado".

Raimundo: de origen germánico, significa "consejero, protector".

Ramiro: de origen germánico, significa "sabio, consejero".

Randy: de origen germánico, abreviatura de Randolph, que significa "guarida del guerrero".

Raner: de origen noruego, significa "guerrero de los dioses".

Raúl: de origen germánico, significa "poderoso consejero".

Reinaldo: de origen germánico, Significa "el que gobierna por consejo".

Reginaldo: de origen germánico, significa "consejo de gobierno".

Renato: de origen latino, significa "renacido".

Reny: de origen hebreo, significa "pequeña fuerza".

Riagan: de origen irlandés, significa "pequeño rey".

Ricardo: de origen germánico, significa "poderoso por su riqueza".

Ramón: de origen germánico, significa "protector".

Riordan: de origen irlandés, significa "pequeño rey poeta".

Rishi: de origen hindú, significa "vidente, adivino, sabio".

Riyad: de origen árabe, significa "jardines".

Roberto: de origen germánico, significa "que brilla por su fama".

Robin: de origen francés, es el diminutivo de Robert (Roberto).

Robinson: de origen anglosajón, significa "de gran fama".

Rocky: hipocorístico de Rocco, muy común en los estadounidenses que tienen origen italiano.

Rodolfo: de origen alemán, significa "guerrero famoso o glorioso".

Rodric: de origen escocés, significa "famoso jefe".

Rodrigo: de origen germánico, significa "glorioso".

Rogelio: de origen germánico, significa "famoso por su lanza".

Rogoberto: de origen germánico, viene de ric ("rico, poderoso") y berht, ("ilustre").

Rolando: de origen germánico, significa "tierra de gloria".

Roldán: de origen germánico, es la forma española del nombre francés Roland.

Román/Romano: de origen latino, significa "originario de Roma".

Romeo: de origen latino, viene de romaeus, gentilicio antiguo de Roma.

Ronald: de origen escocés, significa "consejero, gobernante fuerte".

Ronaldo: de origen germánico, viene del inglés Ronald, que significa "gobernante glorioso".

Ronin: de origen japonés, se refiere al "samurái que no tiene maestro".

Rosendo: de origen germánico, significa "que se dirige a la fama".

Rubén: de origen hebreo, significa "Dios ha visto mi aflicción".

Randall: de origen germánico, significa "guarida del guerrero".

Richard: de origen germánico, significa "el rey valiente o el rey fuerte".

Letra S

Salomón: nombre de origen hebrero que significa "el pacífico".

Salvador: nombre de origen hebrero que significa "Dios es salvación".

Samuel: nombre de origen hebreo que se traduce como "el elegido por Dios".

Sandro: nombre de origen griego, variante de Alexander. Su significado es "el defensor de los hombres".

Sander: derivado de Alexander, que proviene de origen griego y significa "protector, defensor".

Santiago: nombre de origen hebreo, variante española de Jacob. Su significado literal es "sostenido por el talón".

Santos: nombre de origen latín cuyo significado es "consagrado a Dios".

Saúl: nombre de origen hebreo que significa "el elegido por Dios".

Saulo: nombre de origen hebreo variante de Saúl, significado "delicado".

Sebastián: nombre de origen griego que significa "venerable".

Selim: nombre de origen árabe que se traduce como "el pacificador".

Sergio: nombre de origen latino, procedente de la palabra "servo" que significa "guardián, siervo".

Servin: nombre de origen persa que significa "aquel que tiene alma de león".

Sigifredo: nombre de origen germánico que significa "victorioso".

Silvestre: nombre de origen latín que podría interpretarse como "el guardián de los bosques".

Silverio: nombre de origen latín que significa "silvestre".

Silvio: nombre de origen latín, variante masculina del nombre de Silvia. Significa "bosque".

Simeón: nombre de origen hebreo que se traduce como "Dios ha escuchado".

Simberto: nombre de origen germánico que se traduciría como "camino ilustre".

Similiano: nombre de origen latino que significa "similar, parecido".

Simón: nombre de origen hebreo que se traduce como "el que escucha".

Siro: nombre de origen latín que hace referencia a los oriundos de Asiria. Otros autores, en cambio, aseguran que procede del griego y significaría "ardiente".

Stefan: variante rusa del nombre griego de Esteban, cuyo significado es "coronado con laurel".

Sullivan: nombre de origen irlancés que significa "pequeño de ojos oscuros"

Solimán: nombre de origen árabe, variante hebrea del nombre de Salomón.

Silvano o Silvanio: nombre de origen latín que significa "silvestre".

Shem: nombre de origen hebreo cuyo significado es "fama".

Segundo: nombre de origen latín que significa "segundo".

Sabas: nombre de origen hebreo que se traduce como "conversión".

Sabino: nombre de origen latino que hace referencia al pueblo de los sabinos.

Saddam: nombre de origen árabe que se traduce como "el que provoca, el que se enfrenta".

Sahúl: nombre de origen hebreo, variante de Saúl. Significa "pedido, petición".

Sam: diminutivo del nombre de Sansón, que significa "hijo del sol, el sol brillante".

Sami: nombre de origen hebreo que significa "el nombre de Dios".

Letra T

Tiberio: de origen latino, significa "del Tíber".

Timoteo: de origen griego, significa "honrando a Dios".

Tim: diminutivo de Timoteo.

Titus: de origen latino, significa "valiente defensor".

Tito: variante de Titus.

Tobías: de origen griego, significa "Dios es bueno".

Tolomeo: de origen griego, significa "guerrero".

Tomás/Thomas: de origen arameo, significa "gemelo".

Tom: forma corta de Tomás o Thomas.

Toni: diminutivo de Antonio.

Travis: de origen francés, significa "encargado de peaje".

Trevor: de origen galés, significa "del pueblo grande".

Trey: de origen inglés, significa "tres".

Tristán: diminutivo de Drust en francés antiguo, significa "tumulto".

Troy: de origen irlandés, significa "descendiente de soldado".

Tulio: de origen latino, significa "perteneciente a Tullus".

Turner: de origen inglés, significa "el que trabaja con un torno".

Tadashi: de origen japonés, significa "cierto, afortunado".

Talib: de origen árabe, significa "buscador de conocimiento".

Taylor: de origen inglés, significa "sastre".

Teodoro: de origen griego, significa "regalo de Dios".

Letra U

Uberto: nombre de origen germánico, variante de Huberto. Significa "aquel que es ilustre por su juicio".

Uday: nombre de origen hindú que significa "aumentar".

Ulan: variante escocesa del nombre de Valentín. Significa "fuerte y saludable".

Ulises: nombre de origen griego que significa "coraje".

Umberto: variante de Humberto. Nombre de origen germánico que significa "brillante como un oso".

Unai: nombre de origen vasco y uso mixto. Su significado es "pastor de vacas".

Upton: nombre de origen anglosajón que significa "el que procede de la ciudad alta".

Urdin: nombre de origen vasco medieval que significa "gris o cano".

Uri: nombre de origen hebreo que significa "dios es mi luz".

Urelio: variante del nombre de Aurelio, de origen latino, que significa "dorado".

Uriel: nombre de origen hebreo, variante de Uri.

Uziel: nombre de origen hebreo derivado de Uriel. Significa "Dios es mi luz".

Ursicio: nombre de origen latín que significa "oso".

Usher: nombre de origen inglés que significa "boca del río".

Usuy: nombre de origen quechua que significa "el que trae abundancias".

Uttam: nombre de origen sánscrito que significa "excelente".

Uzochi: nombre de origen nigeriano que significa "el camino de Dios".

Ucamari: nombre de origen quechua que significa "que tiene la fuerza de un oso".

Letra V

Valencio: nombre de origen latín que significa "robusto".

Valentín: nombre de origen latín que significa "aquel que tiene buena salud".

Valentino: nombre de origen latín, variante del nombre Valentín.

Valeriano: nombre de origen latín cuyo significado es "valiente".

Venceslao: nombre de origen checo que significa "grandioso".

Venerando: nombre de origen latín que significa "digno de ser venerado".

Venustiano: nombre de origen latín que significa "bello, hermoso".

Venusto: nombre de origen latín, variante de Venustiano.

Verel o Verrell: nombre de origen francés, variante masculina de Vera. Significa "verdadero".

Vernay: nombre de origen inglés, variante masculina

Verna. Signifia "aquel que nace en primavera".

Vernon: variante inglesa del nombre Vernay.

Verner: variante latinizada del nombre Werner, de origen germánico. Significa "defensor de las armas".

Vicencio: nombre de origen latín que significa "victorioso".

Vicente: mombre de origen latín que significa "su destino es la victoria".

Víctor: nombre de origen latín cuyo significado es "vencedor, victorioso".

Vidal: nombre de origen latín que significa "perteneciente a la vida".

Vigilio: nombre de origen latín que significa "vigilante".

Vinicio: nombre de origen latín que significa "aquel que procede del viñedo".

Vinny: forma inglesa del nombre de Vicente.

Vladimir: nombre de origen eslavo que significa "el que gobierna con grandeza".

Vaden: variante francesa del nombre Vadin, de origen hindú, que significa "promesa".

Vadhir: nombre de origen árabe que significa "rosa".

Valdemaro: nombre de origen germánico que significa "ilustre pos su poder".

Valerik: variante rusa del nombre de origen latín, Valerio.

Valiant: variante francesa del nombre de Valentino.

Vallis: nombre de origen francés que significa "el que proviene de Gales".

Vanagan: nombre de origen armenio que significa "monje".

Letra W

Walt/Walter: de origen germánico, significa "mando, gobierno, poder, ejército".

Weldon: de origen anglosajón, significa "colina cerca de un manantial".

Werner: de origen germánico, significa "guerrero, protector, armadura".

Wesley: de origen anglosajón, viene de ?west?, que significa "oeste".

Wilder: de origen anglosajón, significa "cazador".

William: de origen germánico, significa "protector decidido".

Willie/ Willy: de origen anglosajón, es el diminutivo de William, que significa "guerrero muy fuerte".

Wilson: de origen anglosajón, significa "hijo de William, guerrero muy fuerte".

Woden: de origen anglosajón, significa "rey de los dioses".

Wylie: de origen anglosajón, significa "encantador".

Wyne: de origen anglosajón, significa "amigo".

Walden: de origen germánico, significa "gobernar el ejército".

Wang: de origen chino, significa "rey".

Waris: de origen árabe, significa "sucesor".

Warren: de origen anglosajón, este apellido inglés es usado como nombre en Estados Unidos. Significa "guardián, vigilante, guarda del parque".

Washington: de origen inglés, significa "lugar próximo al agua".

Wenceslao: de origen eslavo, significa "el más glorioso".

Wesh: de origen romaní, significa "entre el bosque, en el bosque".

Letra X

Xabel: de origen asturiano, es una variante de Javier, que significa "casa nueva".

Xande/Xander: de origen inglés, es el diminutivo de Alexander, que significa "defensor" o "protector".

Xoel: de origen gallego y asturiano, es una variante de Joel, que significa "Él es Dios".

Xzander: de origen griego, es un diminutivo de Alexander, que significa "defensor" o "protector".

Xandru: de origen asturiano, es el diminutivo de Alejandro, que significa "defensor del hombre".

Xerac: de origen árabe, significa "bosque".

Xervás: de origen asturiano, variante te Gervasio, que significa "audaz como la lanza".

Xilonen: de origen náhuatl, significa "maíz tierno".

Letra Y

Yadir: de origen árabe, significa "belleza".

Yadiel: de origen hebreo, significa "Dios ha escuchado".

Yael: de origen hebreo, significa "cabra montesa".

Yamid: de origen árabe, significa "uno de los dos gemelos".

Yanis: de origen hebreo, significa "regalo de Dios".

Yann: forma bretona de Juan.

Yannick: nombre francés, diminutivo de Yann.

Yazid: de origen árabe, significa "próspero".

Yeong: de origen coreano, significa "valiente".

Yestin: variante galesa de Justin, que significa "justo, correcto".

Yoan: forma búlgara de Juan.

Yoel: forma hebrea de Joel, que significa "Yahvé es Dios".

Yohan: variante del alemán Johan, que a su vez es variante de Juan.

Yonatan: forma original hebrea de Jonathan, que significa "Dios ha dado".

Yori: de origen japonés, significa "confianza".

Yorick: forma danesa de Jorge.

Yousef: equivalente en árabe de José, que es de origen hebreo y significa "Dios proveerá".

Ysmael: de origen hebreo, significa "al que Dios escucha".

Yuma: de origen nativo americano, significa "hijo del jefe".

Yvan: variante francesa de Juan.

Yerik: de origen ruso, significa "designado por Dios".

Letra Z

Zacarías: de origen hebreo, significa "Dios es recordado"

Zander: variante de Alejandro, significa "protector de la humanidad"

Zareh: de origen armenio, significa "lágrima"

Zion: de origen hebreo, significa "de la tierra prometida".

Zabad: de origen hebreo, significa "dotado"

Zafir: de origen árabe, significa "el victorioso"

Zain: de origen árabe, significa "guapo"

Zamiel: de origen germano, significa "el que fue pedido a Dios".

Zedekiah: de origen hebreo, significa "Dios es justo".

Zefanías: nombre de un profeta hebreo. De origen judío, quiere decir "Yahvé está oculto".

NOMBRES DE NIÑAS

Letra A

Adriana: forma femenina del nombre Adrián, que significa "La mujer del mar" o "la que viene del mar Adriático".

Adela: nombre de origen germánico significa "Noble".

Alejandra: es la forma femenina de Alejandro, que significa "defensor de hombres".

Alicia: de origen griego, significa "verdadero".

Amanda: deriva del latín y significa "Amable".

Amelia: variante de Amalia, cuyo significado es "trabajo".

Ana: de origen hebreo, significa "Compasiva", "Misericordiosa".

Amparo: de origen latino, significa "preservar, resguardar".

Andrea: de origen griego, significa, "valerosa, valiente".

Ángela: versión femenina de Ángel, que significa "mensajero".

Angélica: significa angelical, relacionado con los ángeles.

Araceli: de origen latín, deriva de Ara y significa "Altar del cielo".

Astrid: de origen griego y hace alusión a "la fuerza de Dios".

Aura: de origen latino, significa "aliento, vida o existencia".

Ava: de origen hebreo es una variante inglesa de Eva y significa "dar la vida".

Amaris: de origen hebreo, significa "hija de la luna".

Anabela: deriva del italiano Annabella, significa "bella", "bonita".

Ariadna: proviene del griego antiguo (Ariádnē) que significa "muy pura, muy santa".

Letra B

Beatriz: nombre de origen latino que significa "la que hace feliz".

Becky: nombre de origen hebreo que significa "atada".

Belinda: nombre de origen latino que significa "la atractiva", "hermosa".

Belisa: nombre de origen latino que significa "la más esbelta".

Bella: variante de Isabella y Anabella, de origen latino. Significa "belleza".

Betty: nombre de origen hebreo que significa "consagrada a Dios".

Bibiana: nombre de origen latino que significa "vital".

Blanca: nombre de origen germano que significa "pura, brillante".

Brenda: nombre de origen germánico, comúnmente usado en Islandia que significa "espada".

Brianna: nombre de origen celta que significa "hija de la nobleza" o "mujer fuerte".

Briseida: nombre derivado del griego "briseis" que significa "viento suave".

Baia: nombre gallego de origen griego que significa "bien hablada".

Bárbara: nombre de mujer de origen griego que significa "extranjera".

Barbie: variante americana de Bárbara.

Bela: nombre de origen hebreo derivado de Elizabela. Puede traducirse por "mujer de piel clara".

Bera: nombre de origen noruego que significa "espiritual".

Bertina: diminutivo de Albertina, nombre de origen germánico que significa "famosa por su nobleza".

Betsy: nombre de origen hebreo que significa "consagrada a Dios".

Letra C

Camila: de origen latino, significa "aquella que está frente a Dios" o "aquella que presenta sacrificios".

Carina: significa "la más pequeña y querida".

Carla: de origen germánico, significa "la que es fuerte".

Carolina: variante de Carla.

Carmen: forma española medieval de Carmela.

Cataleya: es el nombre de una flor de la familia de las orquídeas.

Catalina: de origen griego, significa "pura, inmaculada".

Cecilia: de origen latino, significa "ciega".

Celeste: del latín 'caelum, caelestis' que significa "celestial".

Celina: de origen latino, significa "cielo, divino".

Céline: variante francesa de Celina.

Charlotte: nombre francés, diminutivo femenino de Charles.

Cheryl: variante del nombre francés Cherie, que significa "cariño".

Cindy: diminutivo de Cynthia, del griego 'Kynthia', que significa "mujer de Kynthos", y Lucinda, que significa "luz".

Clara: de origen latino, significa "brillo, claridad".

Clarisa: variante de Clara.

Clarina: variante italiana de Clara.

Clarice: variante francesa de Clarisa.

Claudia: de origen latino "Claudinus", que significa "Aquella que cojea" o "Aquella que anda con dificultad".

Clémence: nombre francés que significa "clemencia".

Clementina: de origen latino, significa "clemente, misericordiosa".

Clotilde: de origen germánico, significa "la que lucha con gloria".

Constanza: nombre italiano, cuyo significado es "constante".

Consuelo: proviene del latín 'consolatio', que significa "consuelo, alentamiento".

Coraline: nombre francés, significa "coral".

Cristina: proviene del latín 'christianus', que significa "seguidor de Cristo".

Chloe: de origen griego, significa "hierba" o "brotes verdes".

Carole: forma femenina francesa de Carlos, significa "varonil".

Candace: de origen latino, significa "pura, sincera".

Letra D

Dana: versión femenina de Daniel, de origen hebreo y que significa "Dios es mi juez".

Daniela: de origen hebreo, cuyo significado es "Aquella que Dios es su juez O Justicia de Dios".

Darcy: de origen inglés, es famoso por ser el apellido del interés amoroso de Elizabeth Bennet en "Orgullo y Prejuicio".

Dariela: variante femenina de Darrell, de origen francés cuyo significado es "querido, amado".

Darla: de origen inglés, significa "querida".

Darly: variante de Darla.

Darlyn: variante de Darlene.

Dayana: variante latina de Diana, significa "divina".

Delia: de origen griego, significa "nacida en la isla de Delos".

Diana: en la mitología romana, Diana era la diosa virgen de la caza, protectora de la naturaleza y la Luna.

Daiana: variante de Diana.

Dora: de origen griego, significa "regalo".

Dulce: de origen Latino (Dulcis). Significa "la que es agradable y dulce".

Daelyn: variante de Dale, nombre unisex de origen inglés que significa "valle".

Daisy: nombre inglés de la flor "margarita".

Deisy: origen de inglés antiguo, significa "la Margarita".

Damaris: de origen griego, significa "mujer dominante".

Daria: variante femenina de Darius, de origen persa, cuyo significado es "poseedor del bien".

Dariana: variante de Daria.

Letra E

Elena: de origen griego, significa "resplandeciente".

Eliana: de origen hebreo. Variante femenina del nombre griego Helios, que significa "sol".

Elicia: de origen latino, significa "quien atrae los rayos del cielo".

Elisa: de origen hebreo, viene de 'elyasa' y significa "promesa divina".

Elisabeta/ Elisabeth: de origen hebreo, significa "consagrada a Dios, promesa de Dios".

Elvia: de origen celta, significa "proveniente de lo alto de las montañas".

Elvira: de origen germano, significa "lanza amable".

Emma/Ema: de origen germánico, significa "grande, fuerte, inmensa, poderosa".

Erika/Erica: de origen alemán, significa "eterna, rica, poderosa".

Esperanza: de origen latino, significa "esperar, la que espera".

Estefanía: de origen griego, significa "coronada, victoriosa".

Estela: de origen latino, variante de Estrella, Stella.

Esther/Ester: de origen hebreo, significa "mirto".

Estrella: de origen latino, viene de Stella. Hace referencia a la "estrella de mar".

Eugenia: de origen griego, significa "bien nacida, de buen origen".

Evangelina: de origen griego, significa "buena nueva".

Eva: de origen hebreo, significa "la que da la vida".

Edna: de origen hebreo, quiere decir "rejuvenecimiento".

Edvina: de origen latino, significa "amigo feliz" o "amigo de la felicidad".

Letra F

Florencia: de origen latino, deriva de Florents, que significa "en flor, florido".

Fabiola: de origen latino, viene de Fabiolus, significa "el que cultiva habas".

Fania: de origen inglés, variante de Fanny y Frances. Significa: "de Francia, corona, guirnalda".

Fanny: de origen japonés, es una variante de Francisca y significa "libre, mujer de Francia".

Fátima/Fatma: de origen árabe, significa "doncella, muchacha virgen".

Fela: de origen polaco, significa "afortunada".

Felicia/Felicity: de origen latino, significa "dichosa, afortunada".

Felina: de origen latino, significa "relativo al gato".

Fernanda: de origen teutón, significa "guerrero, audaz".

Letra G

Gerarda: nombre de origen germánico, femenino de Gerardo. Significa "audaz, valiente".

Geraldine: variante francesa de Gerarda.

Gimena: nombre de origen hebreo, su significado es "la que obedece y Dios me ha escuchado".

Gladys: nombre de origen galés cuyo significado es "mujer alegre" o "feliz".

Gloria: nombre de origen latino, relacionado con la religión. Significa "innovación al Señor".

Gracia: nombre de origen latino que significa "la que goza de la gracia divina".

Graciela: nombre de origen latino, variante de Gracia.

Guadalupe: nombre de origen árabe que significa "río del lobo".

Gertrudis: nombre de origen germano que significa "lanza fiel" o "lanza valiosa".

Georgina: nombre de origen griego, femenino de Jorge. Significa "mujer agricultora".

Gina: nombre de origen hebreo, diminutivo de Georgina.

Griselda: nombre de origen germánico, significa "gris" o "hierro y batalla".

Guillermina: nombre de origen germánico y variante femenina de Guillermo. Se traduce como "con voluntad para salvar a su pueblo".

Galya: nombre de origen ruso que significa "Dios nos redimirá".

Genoveva: nombre de origen galés con dos posibles etimologías. Puede provenir del céltico, cuyo significado sería "mujer tejedora de coronas", o bien del germánico y significaría "mujer de noble estirpe".

Gilda: nombre de origen celta que significa "la que sirve a Dios".

Giovanna: nombre de origen hebreo, variante diminutiva de Juana. Se traduce como "Dios se apiada".

Letra H

Helena: variante de Elena.

Hillary: variante inglesa de Hilaria.

Hadley: de origen inglés, significa "campo de brezo".

Hadria: variante de Adriana, que es de origen latino y significa "persona de Adria".

Hagne: variante italiana de Inés, que es de origen griego y significa "pura, virginal".

Hailey: de origen inglés y escocés, significa "prado de heno".

Haldis: de origen alemán, significa "útil, determinado".

Hana: diminutivo checo y polaco de Johana, una variante de Joanna, que significa "Dios es misericordioso".

Hani: de origen hawaiano, significa "alegría".

Letra I

Ingrid: de origen escandinavo, significa "hermosa".

Irene: de origen griego, significa "paz".

Isabel: significa "promesa de Dios".

Isabella: forma italiana de Isabel.

Ignacia: de origen latino, significa "nacida del fuego".

Ilda: variante de Hilda, que es de origen alemán y significa "mujer de batalla".

Iliana: variante de Ilana.

Ilsa: variante alemana de Elizabeth, que significa "Mi Dios es un juramento".

Imara: de origen swahili, significa "firme".

Inés: de origen griego, significa "casta".

Letra J

Jacqueline: nombre de origen latino, forma francesa e inglesa femenina de Jaime, que significa "recompensado por Dios".

Jackie: variante inglesa de Jacqueline.

Jailyn: de origen inglés, variante de Galen, del griego galene, que significa "calma".

Jana: variante de Johana, el cual a su vez es una variante de Juana, nombre que origen hebreo cuyo significado es "Dios se ha apiadado".

Jayla: de origen griego, proviene de galen que significa "tranquilo".

Jaylin: variante de Jayla.

Jazmín: de origen árabe, su significado es "bella como la flor que lleva su nombre"

Jennifer: de origen galés, significa "blanca como la espuma del mar".

Jenny: variante de Jennifer.

Jésica: de origen hebreo, significa "gracia de Dios".

Jessie: de origen inglés, proviene del hebreo Yiskah, que significa "Dios contempla".

Jimena: de origen vasco, variante medieval de Simeona , significa "fiera de la montaña".

Joana: nombre Catalán, femenino de Joan, que en castellano es Juan.

Jolie: de origen francés, significa "bonita, linda".

Josefa: de origen hebreo, variante femenina de José, significa "Lo que dios multiplica".

Josefina: variante de Josefa.

Joselyn: en inglés, significa "alegre".

Juana: de origen hebreo, significa "llena de gracia".

Judit: de origen hebreo, significa "judía", "de la tribu de Judá".

Judith: variante de Judit.

Julia: de origen latino, su significado es "consagrada a Júpiter".

Juliana: variante de Julia.

Juliette: variante francesa de Julianus, del latín iulius, que significa "cielo".

Jade: alude a la apreciada piedra semipreciosa.

Jamari: de origen árabe, nombre unisex que significa "belleza". También significa "camello".

Jane: de origen hebreo, significa "llena de gracias".

Janet: variante de Jane.

Jania: de origen hebreo, variante femenina del nombre John.

Letra K

Karen: de origen danés, significa "pura".

Karina: variante escandinava de Carina, de origen italiano y que significa "querida pequeña".

Karla: de origen germánico, su significado es "poderosa, la que es fuerte".

Karmen: variante de Carmen, que significa "jardín".

Kady: de origen irlandés, significa "primera".

Kadya: variante de Kady.

Kailani: de origen hawaiano, significa "mar y cielo".

Kaira: de origen escandinavo, significa "pacífica".

Kalani: de origen griego, significa "los cielos".

Kamaria: de origen swahili, significa "luz de luna".

Kaori: de origen japonés, significa "aroma, fragancia".

Katherine: de origen griego, significa "pura".

Kate: diminutivo de Katherine.

Katerina: variante rusa, búlgara y griega de Katherine.

Kayla: de origen hebreo y árabe, significa "corona, laurel".

Kaylin: variante de Kayla.

Keilani: de origen hawaiano, significa "cielo".

Kelly: de origen irlandés, significa "guerra".

Keira: de irlandés, significa "pequeña oscura".

Kyomi: de origen japonés, significa "pura y hermosa".

Kylie: de origen indígena australiano, significa "boomerang".

Letra L

Laura: de origen latino, significa "laurel" o "coronada con hojas de laurel".

Lauren: variante inglesa de Laura.

Layla: de origen árabe, significa "noche".

Leslie: de origen escocés, significa "jardín de acebo".

Leticia/Letizia: de origen latín, significa "felicidad, alegría".

Liana: de origen francés, significa "enredadera".

Lidia: de origen griego, significa "mujer de Lidia".

Lila: de origen árabe, significa "noche".

Lilia: de origen latino, significa "lirio".

Liliana: variante de Lilia.

Lina: de origen árabe, significa "tierna".

Linda: de origen español, significa "bonita".

Lisa: diminutivo de Elizabeth, que es de origen hebreo y significa "consagrada a Dios".

Livia: de origen italiano, significa "envidiosa".

Lizbeth: diminutivo de Elizabeth.

Lizeth/Lizette/Lisette: diminutivo de Elizabeth.

Lorena: significa "de la provincia de Lorraine".

Loredi: significa "jardín, lugar de flores".

Lucía: de origen latino, significa "la que nació a la luz del día".

Lucero: de origen latino, significa "luz".

Luciana: variante de Lucía.

Lucie: variante francesa de Lucía.

Lucy: versión inglesa de Lucía.

Lucrecia: variante femenina de Lucrecio, que significa "riqueza".

Luisa: de origen germánico, "guerrera famosa".

Luna: deriva del latín "luna", contracción de "lucina" y significa "Brillar", "Iluminar".

Luz: significa "la que trae la luz".

Lorenza: nombre de origen latín que significa "de Laurento".

Lola: diminutivo de Dolores, referente al dolor de la virgen cuando su hijo fue crucificado.

Lis/Lys: significa "lirio".

Leire: de origen latín, significa "legionario".

Letra M

Mara: del hebreo marah, significa "aquella que está apesadumbrada".

Marcela: de origen latino, significa "la fuerte".

Margarita: de origen griego o latino, significa "perla".

Margot: hipocorístico francés de Margarita.

María: de origen hebreo, significa "amada de Dios, excelsa, eminente".

Mariana: de origen latino, significa "relativo a María".

Mariela: variante italiana de Maria.

Marilyn: nombre compuesto por Mary y la terminación irlandesa lynn, hipocorístico de Linda.

Marina: de origen latino, significa "del mar".

Marisa: contracción de María Luisa.

Marisol: contracción de María Soledad o María del Sol.

Marlene: contracción de los nombres Marie y Helene.

Marta: de origen arameo, significa "señora".

Maryam: de origen árabe, variante de María.

Matilde: de origen germánico, significa "guerrera, fuerte y valerosa".

Mayra: de origen latino, significa "mujer maravillosa".

Melanie: de origen griego, significa "oscuro, negro".

Melina: de origen griego, significa "amarillo", "natural de la isla de Milo".

Melisa: de origen griego, significa "abeja, miel".

Mercedes: de origen latino, significa "libertadora, la que libera".

Michelle: proviene del hebreo y su significado es "quien es como Dios".

Milena: nombre derivado de María, de origen hebreo, "la elegida, la amada por Dios".

Miranda: de origen latino, significa "asombroso, sorprendente".

Mireya: de origen latino o provenzal, significa "asombrarse, maravillarse".

Míriam: variante de María de raíz hebrea primitiva.

Mónica: de origen latino o griego, significa "solitario, que ama la soledad".

Montserrat: nombre catalán que significa "montaña cerrada".

Moira: variante irlandesa de María, "amada de Dios, excelsa, eminente".

Mirari: equivalente en euskera de Milagros.

Micaela: procede del hebreo, significa "Dios es justo".

Mía: de origen hebreo, diminutivo de María.

Letra N

Nancy: de origen inglés, significa "piadosa, misericordiosa, bendecida por Dios".

Naomi: de origen hebreo, significa "alegría, delicia".

Natalia: de origen latino, significa "relativo al nacimiento".

Nayeli: de origen americano nativo, significa "te quiero".

Nazli: de origen árabe, significa "delicada, bella, preciosa".

Nicolle: de origen francés, es la variante de Nicolás, que significa "que lleva al pueblo a la victoria".

Nidia: de origen latino, significa "ave recién salida del nido".

Noelia: de origen francés, viene de Noël, que significa "Navidad".

Nora: de origen griego, significa "bella como el sol".

Norma: de origen latino, significa "modelo a seguir".

Nahya: de origen vasco, significa "deseo" en euskera.

Naira: de origen inca, significa en quechua "la de ojos grandes".

Narumi: de origen japonés, significa "belleza floreciente".

Nashira: de origen árabe, significa "la portadora de buenas noticias".

Natacha: de origen latino, es el diminutivo ruso de Natalia, que significa "relativa al nacimiento".

Nelia: de origen latino, es el diminutivo de Cornelia, que significa "cuerno pequeño".

Nereida: de origen griego, significa "hija de Nereo".

Nerys: de origen escocés, significa "mujer noble".

Nieves: de origen latino, significa "blanca como la nieve".

Letra O

Omaira: de origen árabe, significa "rojo".

Oneida: de origen nativo americano, significa "largamente esperada".

Obelia: de origen griego, significa "pilar de fuerza".

Odilia: de origen germánico, significa "fortuna, riqueza".

Ofelia: de origen griego, significa "ayuda".

Okelani: de origen hawaiano, significa "celestial".

Olaya: de origen árabe, significa "cerca de dios".

Olga: de origen ruso, significa "sagrado".

Olivia: de origen latino, significa "la que trae paz".

Orella: de origen latino, significa "anunciamiento de los dioses, oráculo".

Letra P

Paola: nombre de origen latín, variante italiana del nombre Paula. Significa "pequeña, frágil".

Patricia: nombre de origen latín, se podría traducir como "mujer de la nobleza".

Paula: nombre de origen latín, variante femenina de Pablo. Significa "frágil, débil".

Paulina: nombre de origen latín, variante del nombre de Paula.

Penélope: nombre de origen griego cuyo significado literal es "la tejedora".

Piedad: nombre de origen latín que significa "piedad, misericordia".

Prudencia: nombre de origen latín, derivado de la voz "prudens" que significa "templanza, cautela".

Palmira: nombre de origen hebreo que hace referencia a las palmas.

Paloma: nombre de origen latín, variante femenina de Colombo. Hace referencia a la paloma.

Pamela: nombre de origen griego que significa "muy dulce".

Panya: nombre de origen egipcio que significa "ratón".

París: es de origen griego y su significado es "fuerte".

Pepa: hipocorístico de Josefa, que a su vez es la variante femenina de José. Su origen es hebreo y significa "Dios agregará".

Perpétua: nombre de origen latín que significa "constante en su fe".

Pilar: nombre de origen español que hace referencia a la advocación mariana de la Virgen del Pilar.

Plácida: nombre de origen latín que significa "apacible, tranquila".

Priscila: nombre de origen latín, variante de Prisca.

Letra Q

Quincy: de origen irlandés, significa "quinta".

Quintina: de origen latino, femenino de Quinto, que significa "nacida en el quinto mes".

Qadira: de origen árabe, significa "capaz, poderosa".

Qamra/Qamara: de origen árabe, significa "luna".

Qitarah: de origen árabe, significa "fragancia".

Qori: de origen quechua, significa "oro, dorada".

Queen/Quenna: de origen inglés, significa "reina".

Quela: de origen hebreo, diminutivo cariñoso de Miquela en valenciano, que significa "nadie como Dios".

Querima /Querina: de origen árabe, significa "la generosa".

Quetzal/Quetzali: de origen nahuatl, significa "ave sagrada y magnífica".

Letra R

Rita: forma corta de Margarita, que significa "perla".

Rocío: de origen latino, significa "aquella que es refrescante y juvenil como el rocío".

Romanella: de origen latino, significa "la que procede de Roma".

Rosa: de origen latino, significa "aquella que es bella como una rosa"

Rosabella: nombre compuesto de origen latino, significa "hermosa rosa".

Rosalba: de origen latino, significa "rosa blanca".

Rosalía: de origen latino, significa "aquella que es bella como una rosa".

Rosalinda: de origen germánico, significa "gloria".

Rosalina: variante de Rosalinda.

Rosana: de origen latino, significa "aquella que es bella como una rosa".

Rosario: de origen latino, significa "guirnalda de rosas".

Rosaura: de origen latino, significa "rosa de oro".

Rosella: nombre italiano que significa "bella flor".

Rosemary: de origen latino, significa "romero".

Roxana: de origen persa, significa "brillante, amanecer".

Rubí: de origen latino, significa "piedra roja preciosa".

Ruth: de origen hebreo, significa "compañera fiel".

Raquel: de origen hebreo, significa "la oveja de Dios".

Rebeca/Rebecca: de origen hebreo, significa "la que lleva el lazo".

Regina: forma femenina de rex (rey), significa "reina, reina celeste".

Letra S

Salomé: de origen hebreo, significa "la terminada de forma perfecta, la magnífica".

Samantha: de origen hebreo, significa "la que escucha".

Samara: de origen hebreo, variante de Samira, significa "la protegida de Dios".

Sandra: de origen griego, significa "apartar al enemigo".

Sandy: de origen griego, derivado de Alejandra, que significa "protector o vencedor de los hombres".

Sara: de origen hebreo, significa "princesa, señora".

Saray: de origen hebreo, significa "princesa, señora".

Scarlet/Scarlett/Scarlette: de origen francés, significa "rojo".

Selena/Selene: de origen griego, significa "la luna, luz".

Selina: de origen latino, podría ser una variante del latín Caelina o del francés Céline.

Selma: de origen latino, abreviatura de Anselma. También, variante del nombre árabe Salma.

Shadia: de origen árabe, significa "preciosa voz".

Shakira: de origen árabe, significa "agradecida".

Shaire: de origen africano, significa "poetisa".

Shanaya: de origen americano, significa "la gracia de Dios".

Shani: de origen egipcio, significa "maravillosa, carmesí".

Sharon: de origen hebreo, significa "llanura fértil".

Sheila: de origen celta, significa "oculta".

Shirley: de origen celta, significa "brillante".

Silvia/Sylvia: de origen latino, significa "bosque, selva o selvática, silvestre".

Silvana: de origen latino, significa "de la selva, silvestre".

Sofía: de origen griego, significa "sabiduría".

Sol: de origen latino, es el astro y el dios Sol.

Soledad: de origen latino, significa "única, aislada, sola o solitaria".

Sonia: de origen griego, es el hipocorístico ruso de Sofía. Significa "sabiduría".

Soraya: de origen persa, significa "princesa".

Stephanie: de origen griego, significa "corona, guirnalda".

Susana: de origen hebreo, significa "flor blanca, lirio, azucena".

Sabrina: de origen latino, significa "que vive al otro lado de la frontera".

Samary: variante de Samantha en inglés, que significa "la que escucha".

Letra T

Taciana: nombre de origen latín, variante femenina de Tacio. Se traduce como "propio de la familia de Taci".

Tatiana: variante rusa del nombre de origen latino Taciana.

Tania: variante rusa del nombre de Tatiana.

Teresa: algunos autores consideran que tiene un origen germánico, y significa "fuerte". Otros, en cambio le atribuyen un origen griego y significa "cazadora".

Tiffany: nombre inglés de origen cristiano que significa "Epifanía".

Triana: nombre español que hace referencia a un barrio sevillano.

Trixie: voz inglesa derivada del nombre Beatriz, de origen latín, que significa "bendita".

Tulia: tiene dos posibles significados según su origen: "chorro violento", de origen etrusco, o "inflar", de origen griego.

Temis: nombre de origen griego que significa "ley de la naturaleza".

Teodora: nombre de origen griego que significa "regalo de Dios".

Talía: nombre de origen griego que significa "la que florece".

Tally: nombre de origen hebreo que significa "rocío".

Tarian: nombre de origen galés que significa "trueno".

Tayra: nombre de origen escocés que significa "tierra".

Tyna: nombre de origen inglés que significa "río".

Tina: hipocorístico de un gran número de nombres terminados en "tina", tales como Florentina, Cristina, Martina o Faustina, entre otros muchos.

Trinidad: nombre de origen latín y cristiano que hace referencia a la Santísima Trinidad y que podría traducirse como "en presencia de los tres".

Letra U

Uriana: de origen griego, significa "la desconocida".

Uriela: nombre hebreo que significa "la luz de Dios".

Úrsula: de origen latino, significa "osa".

Ulanni: nombre de origen hawaiano que significa "belleza celestial".

Uliana: variante rusa de Juliana.

Urma: deriva de la palabra tártara urman para "bosque espeso en los pantanos".

Urzuri: nombre vasco compuesto de ur "agua y zuri "blanca".

Usune: nombre vasco que significa "muchacha de fortuna y gran belleza".

Usagi: nombre japonés que significa "conejo".

Udele: de origen árabe, significa "próspera".

Letra V

Valentina: de origen latino, significa "valerosa, vigorosa".

Valeria: de origen latino y su significado es "sana y valerosa".

Valérie: forma francesa de Valeria.

Verónica: de origen griego, significa "portadora de la victoria, imagen verdadera".

Victoria: de origen latino, significa "vencedora, victoriosa".

Vilma: de origen germánico, significa "decisión, protección".

Violeta: de origen latino, se refiere al color violeta.

Viviana: de origen latino, significa "viva, vital".

Vanessa: de origen latino que proviene de Vanities. Significa "la que tiene vanidad".

Letra W

Wendy: del inglés antiguo, deriva de Gwendolin, y significa "la de las blancas pestañas".

Winnie: de origen germánico, significa "amiga de la paz".

Wynn: variante de Winnie.

Wanda: de origen eslavo, significa "guerrera".

West: nombre unisex que deriva del apellido inglés Weston, que significa "pueblo del oeste".

Warsha: proviene del sánscrito y significa "lluvia".

Whitney: proviene del inglés antiguo, significa "isla blanca o la que viene de la isla blanca".

Waverly: proviene del inglés antiguo y significa "prado de álamos temblorosos".

Willow: proviene del inglés willow, que significa "sauce".

Letra X

Xiamara: de origen arameo, significa "ciervo alegre".

Xiomara: variante de Xiamara.

Xamira: de origen persa, significa "diamante".

Xandra: diminutivo de Alexandra, que significa "defensora de hombres".

Xandy: diminutivo de Alexandra.

Ximena: variante de Jimena, variante medieval de Simeona, que es de origen hebreo y significa "la que escucha".

Xymona: variante de Ximena.

Xinyi: de origen chino, significa "feliz, alegre".

Xylia: de origen griego, significa "del bosque".

Xylona: variante de Xylia.

Letra Y

Yadira/Yadhira: de origen latino, significa "aquella que posee una gran intuición".

Yaira: de origen hebreo, significa "iluminar".

Yamila/Yamile: de origen árabe, significa "bella flor del desierto".

Yamileth: de origen árabe, significa "hermosa, linda".

Yaneth/Yanitzia: de origen hebreo, es una variante de Juana, que significa "Dios es propicio".

Yannis: de origen hebreo, sirve para niño y niña, y significa "regalo de Dios".

Yarely: de origen indígena americano, significa "el señor es mi luz".

Yaretzi: de origen azteca que significa "aquella que siempre será querida".

Yaritza: de origen americano, es la combinación de Yana (encantadora) y Ritsa (protectora).

Yasmin/Yasmina: de origen persa, variante de Jasmine, que significa "jazmín".

Yatzary: de origen azteca, significa "espiguita de trigo".

Yeni: de origen chino, significa "anhelada, deseada".

Yesenia: de origen árabe, hace referencia a un tipo de flor.

Yetzali: de origen azteca, significa "pequeño corazón".

Yolima: de origen griego, significa "mujer buena y honesta".

Yuliana: se dice que su origen pudiera venir del antiguo Roma, y significa "cabello ondulado".

Yoana: de origen hebreo, variante de Juan, Yohanan o Yehohanan, que significa "Yavé es bueno, Yavé es misericordioso".

Yolanda: de origen germánico, es una variante de Violante, que significa "la riqueza del país, la tierra fructífera".

Letra Z

Zaida: de origen árabe, significa "próspera".

Zahira: de origen árabe, significa "ayudante, partidaria".

Zelia: de origen árabe, significa "ardiente, celosa".

Zelig: de origen yiddish, significa "bendecida, feliz".

Zelina: de origen griego, significa "celosa".

Zelma: diminutivo de Anselma, que es de origen germánico y significa "casco piadoso".

Zelmira: de origen árabe, significa "brillante".

Zemora: de origen hebreo, significa "rama, extensión".

Zenaida: de origen griego, significa "la vida de Zeus".

Zerlin: de origen árabe, significa "hermoso amanecer".

Zerlina/Zerline: variante francesa de Zerlin.

ACERCA DEL AUTOR

Mi nombre es Jesus Ramirez nacido en Caracoli Antioquia el 28 de octubre de 1994 curce todos los estudios de bachillerato en mi pueblo natal, tengo 2 hermanos hombres, vivía con mi madre Nelcy Gómez, mi padrastro Jose Calderón y mi hermano Jhon jairo Ramirez, mi otro hermano Jose Ramirez recidia en otra Ciudad. A la edad de 19 años migre a la capital del país Bogota Colombia en donde me encuentro actualmente, con el paso del tiempo trabaje en diferentes áreas hasta que un dia decidi convertirme en Autor ya que siempre me ha llamado la atención la lectura y la escritura.